Landscapes Grayscale Coloring Book

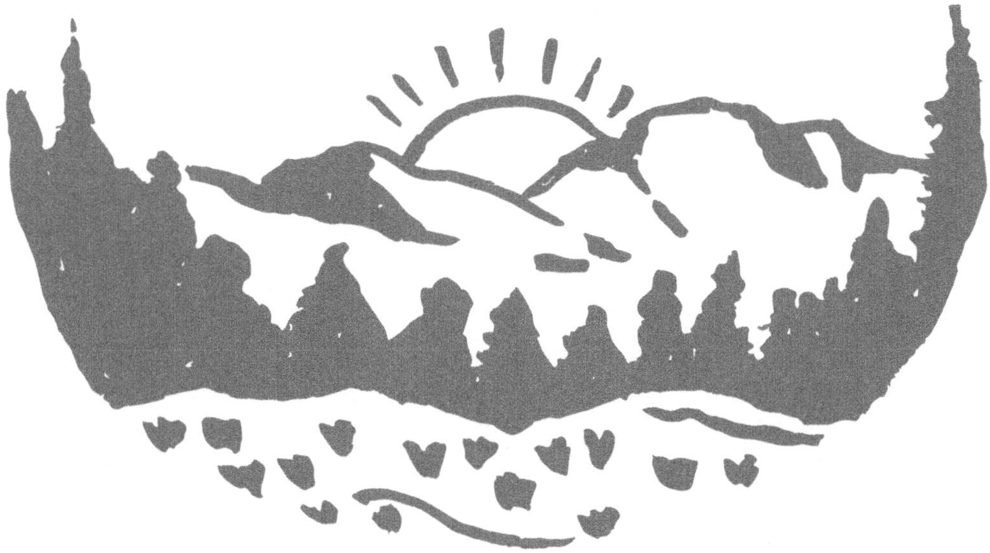

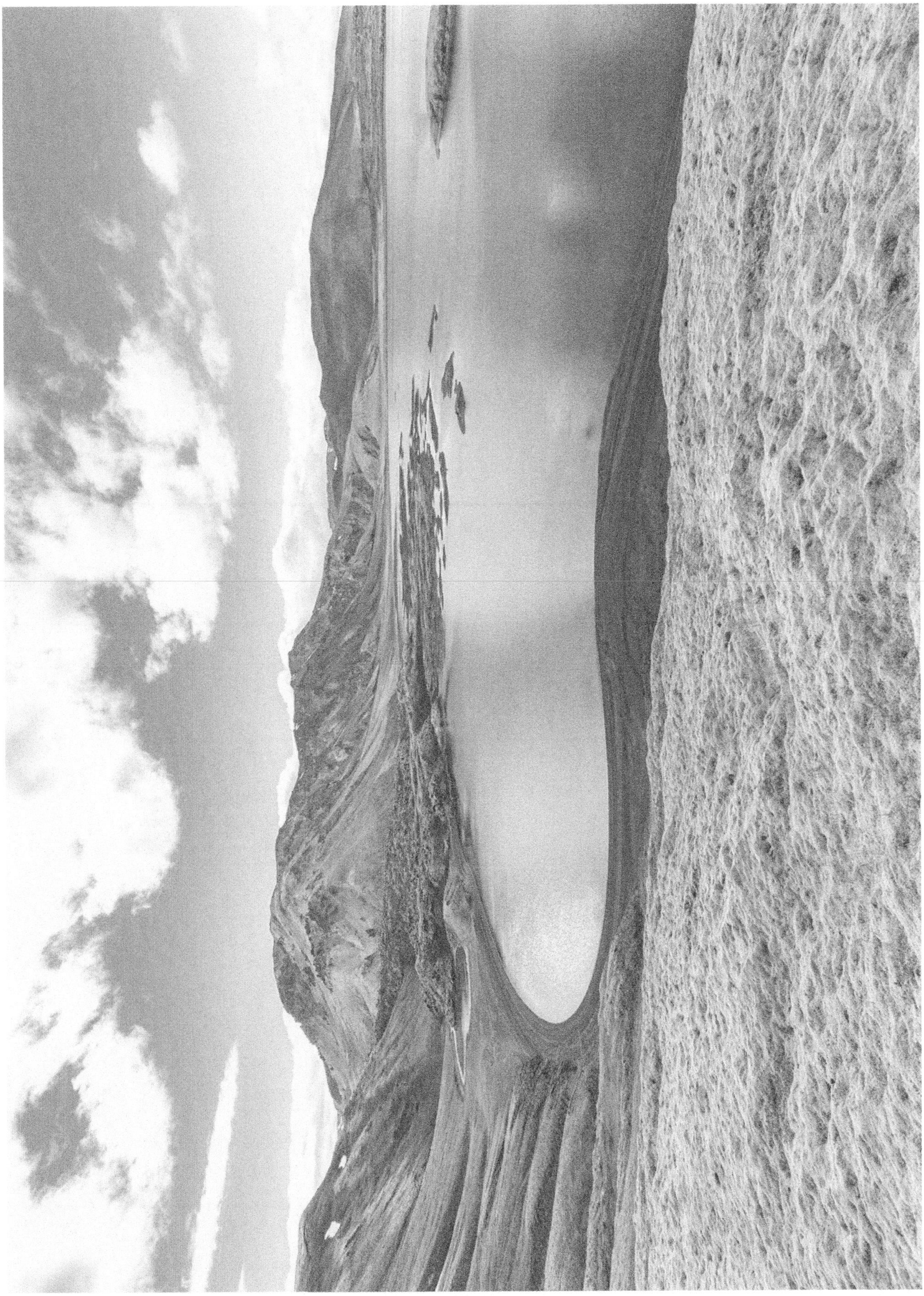

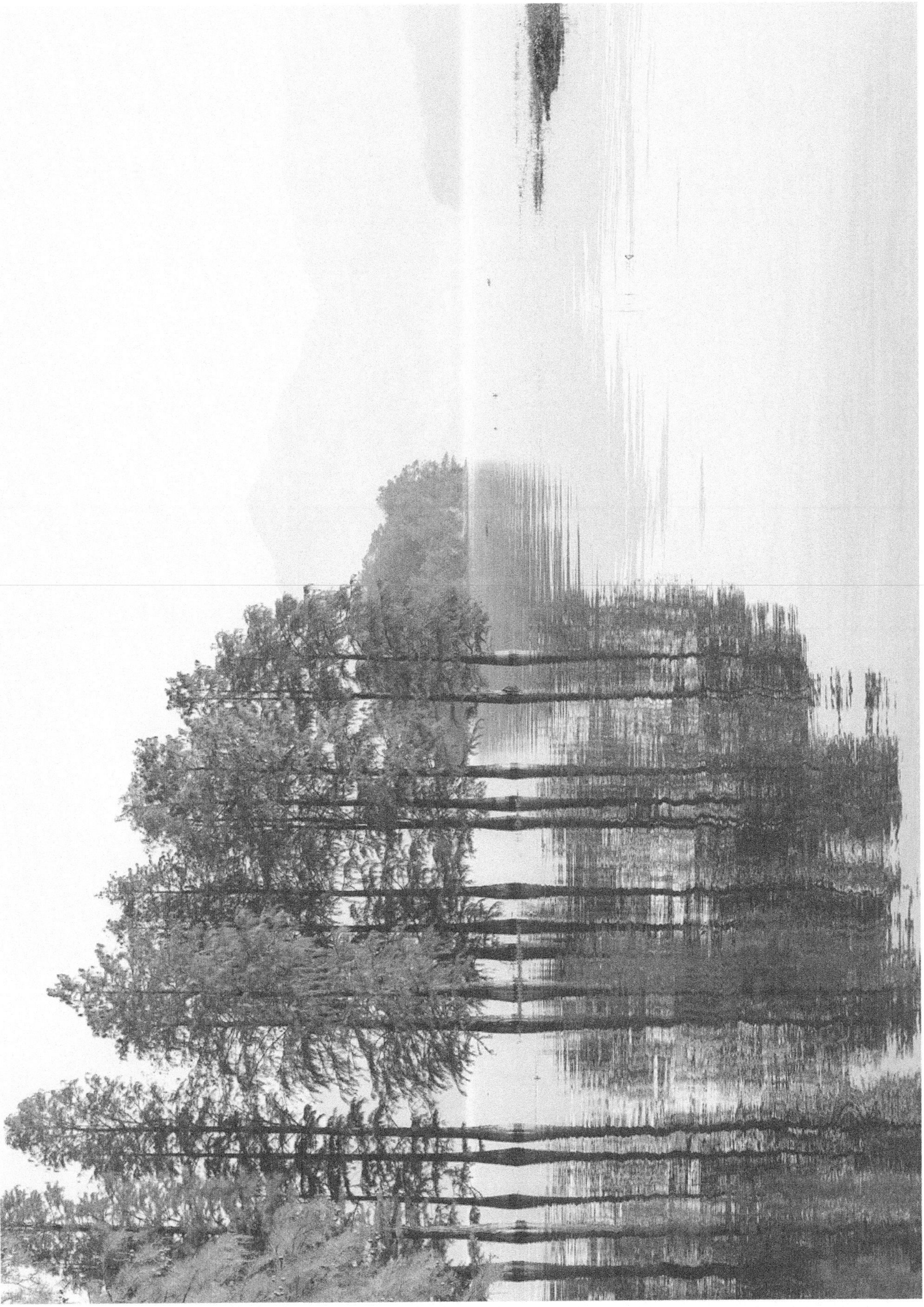

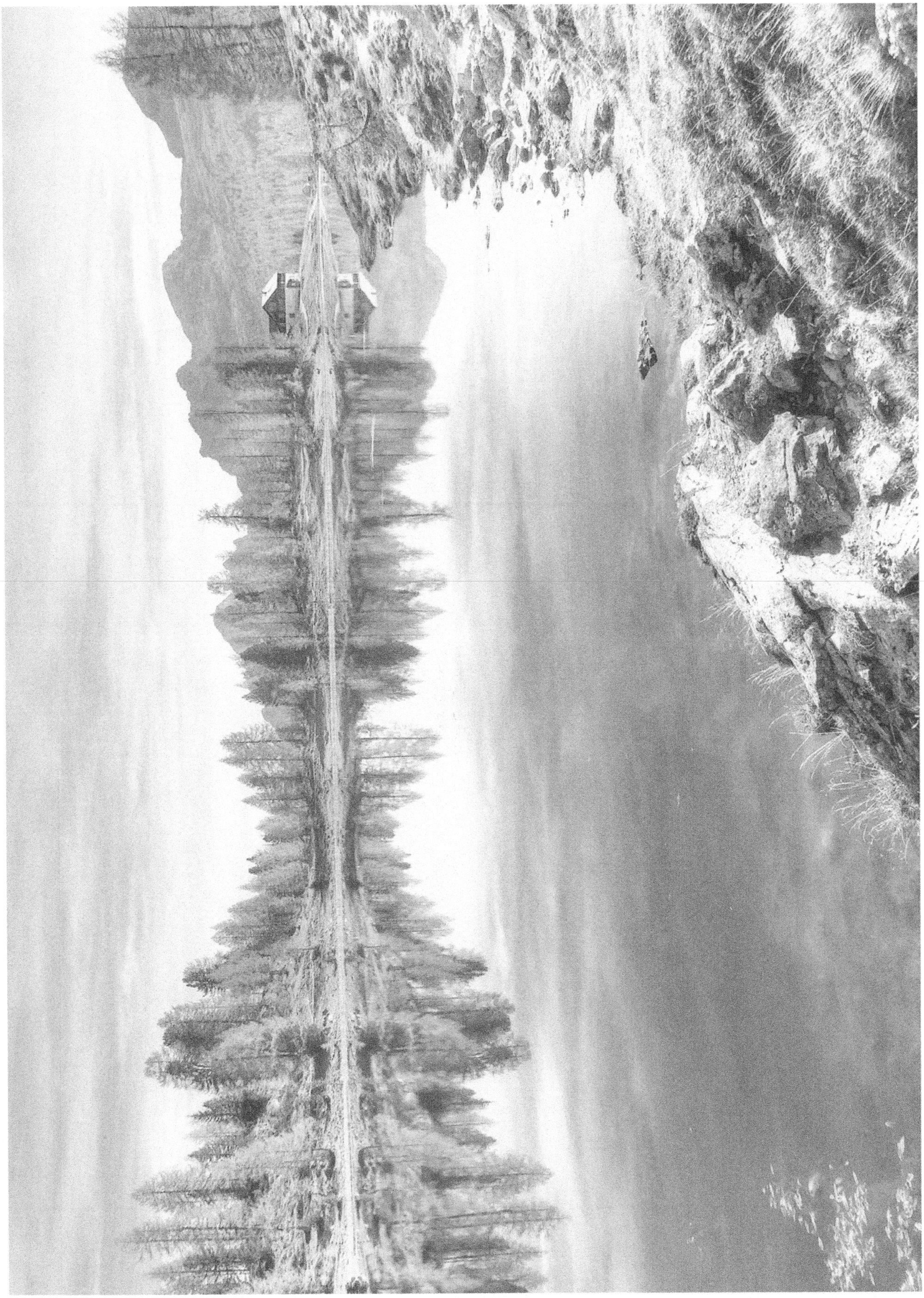

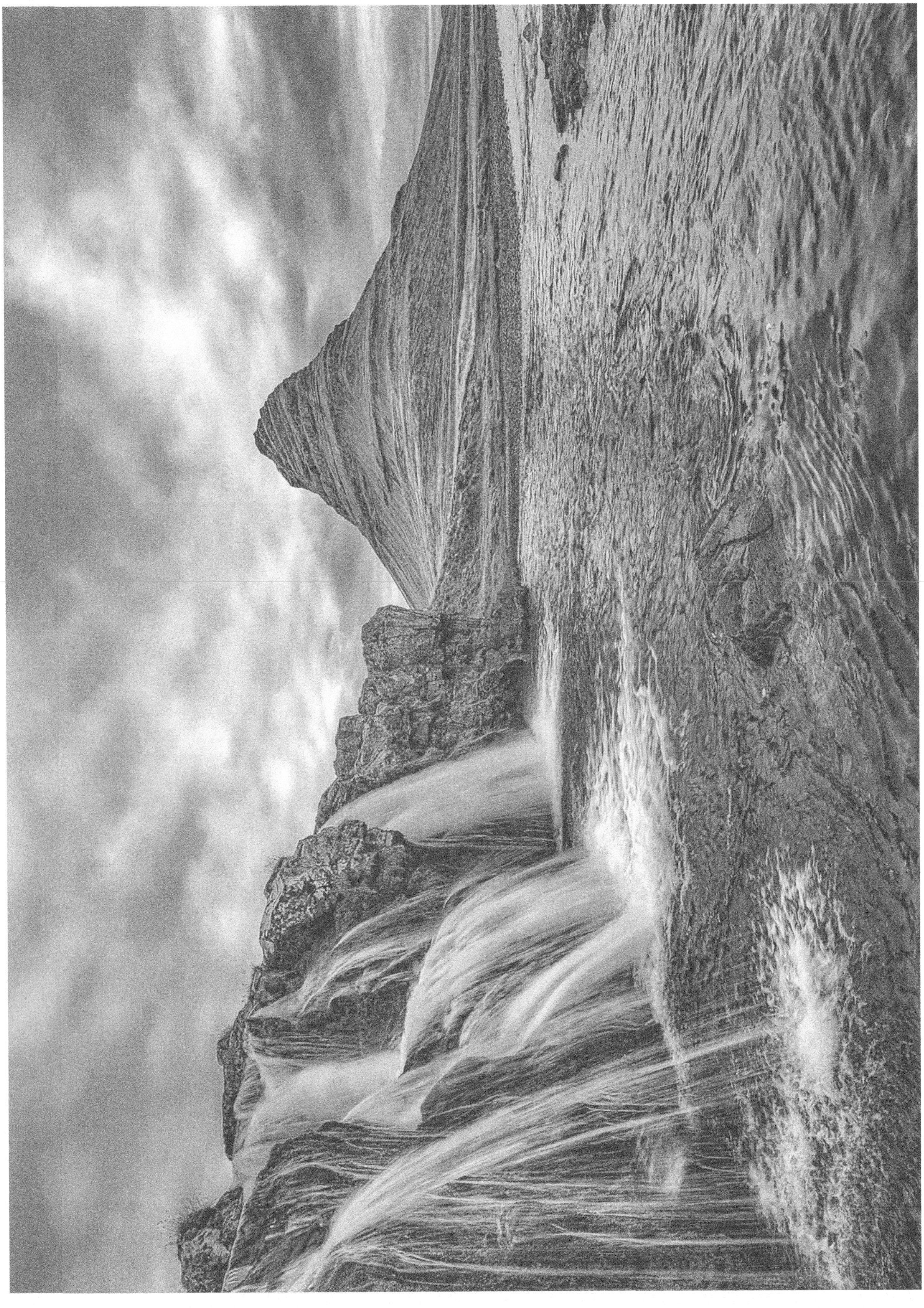

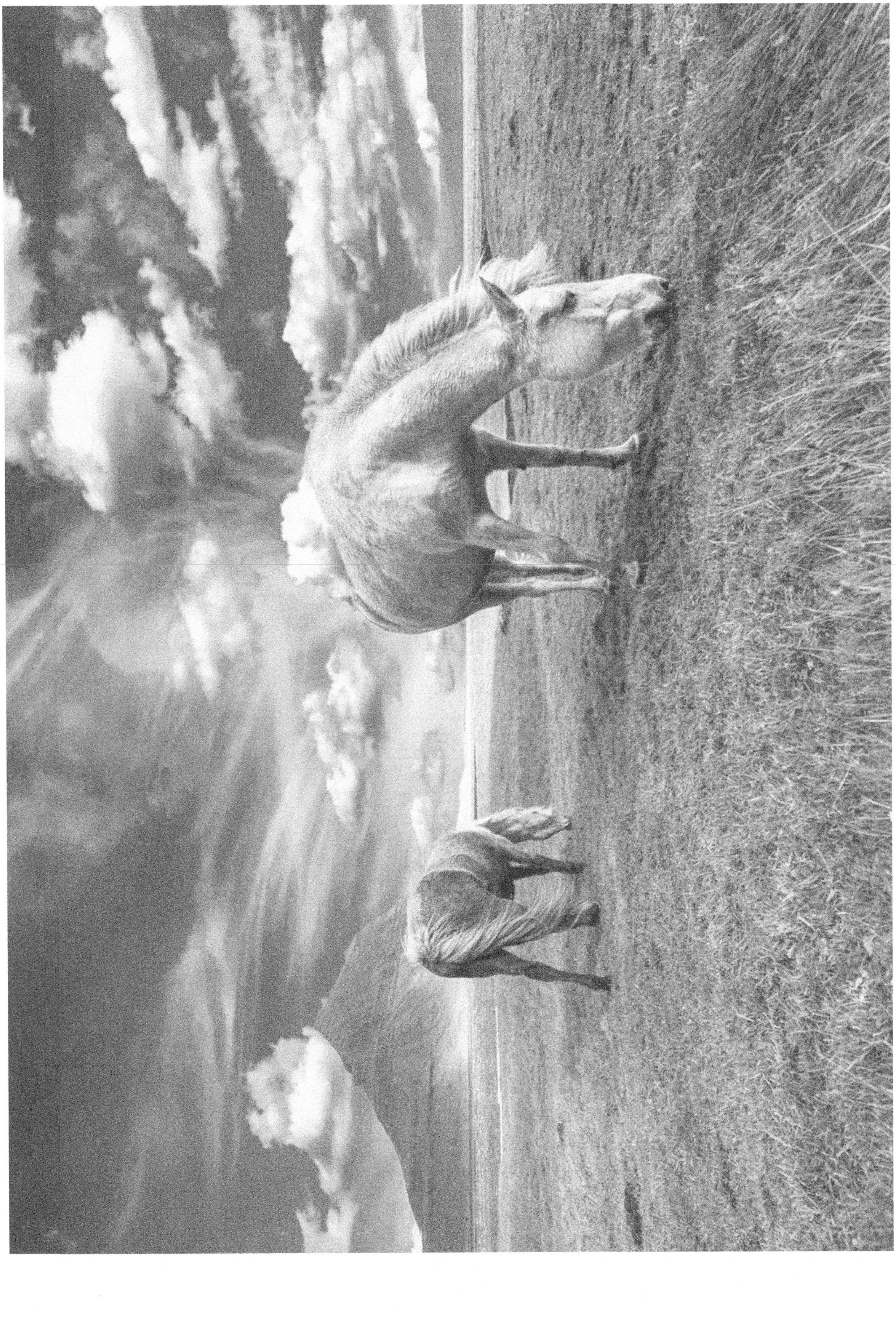

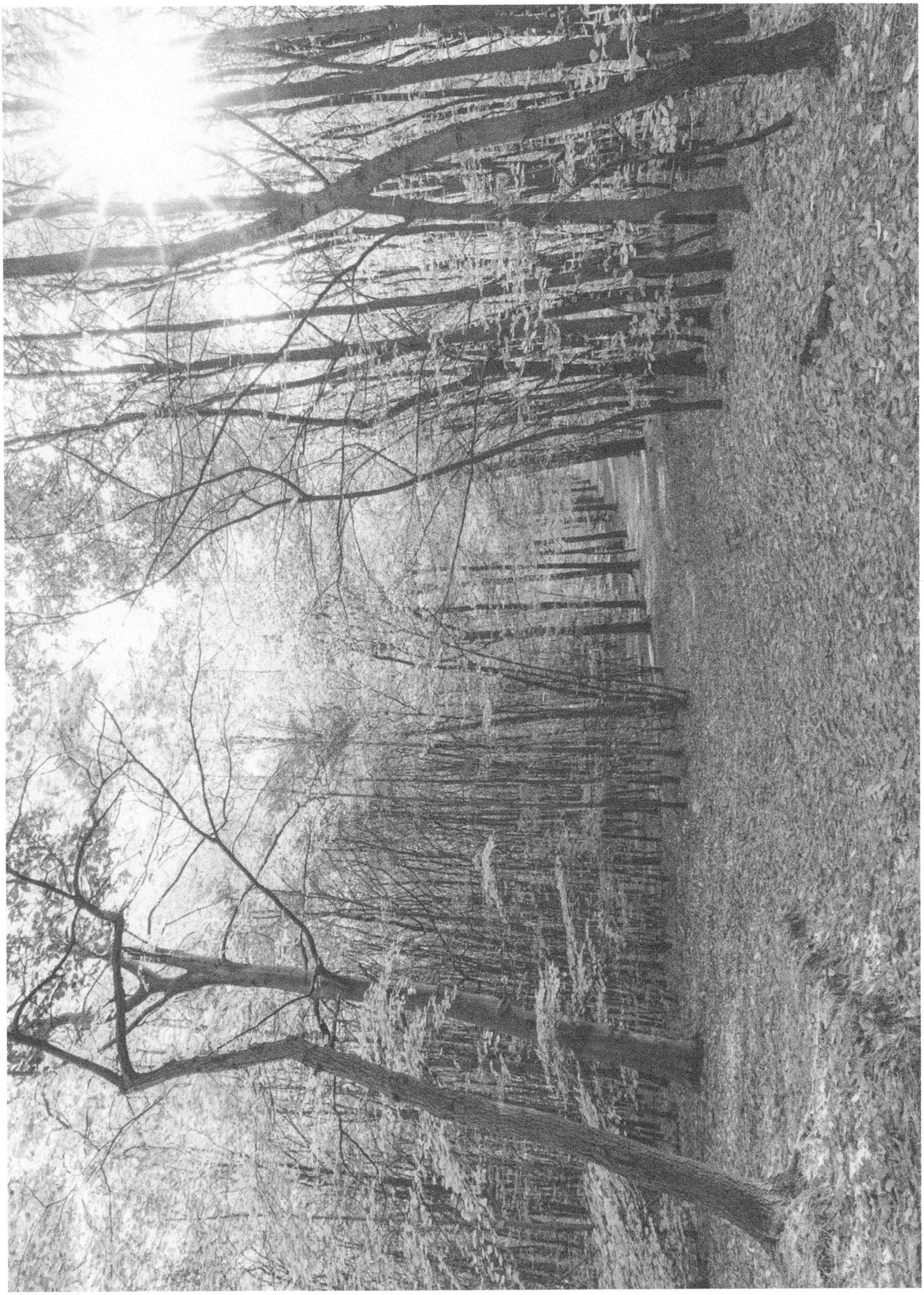

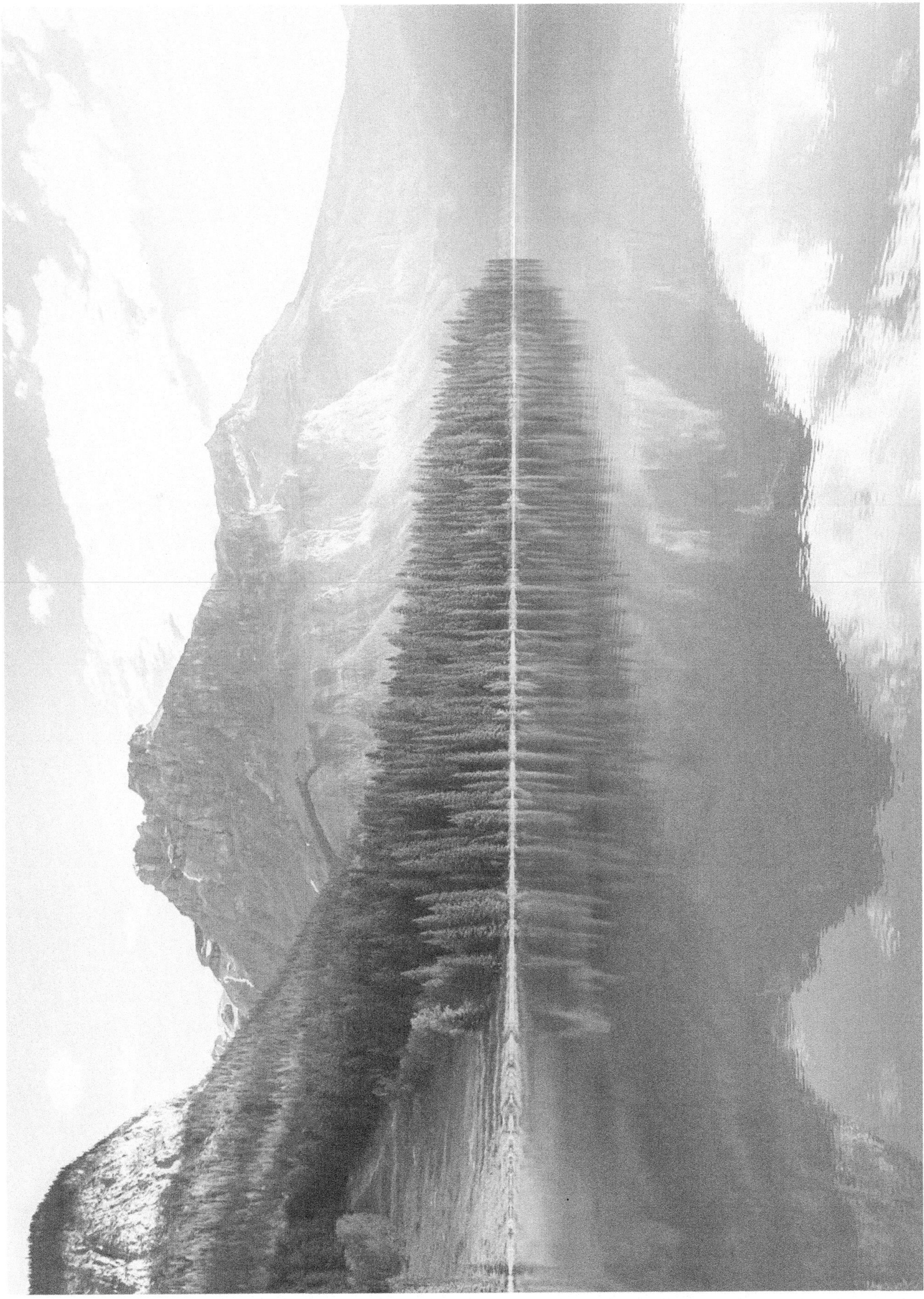

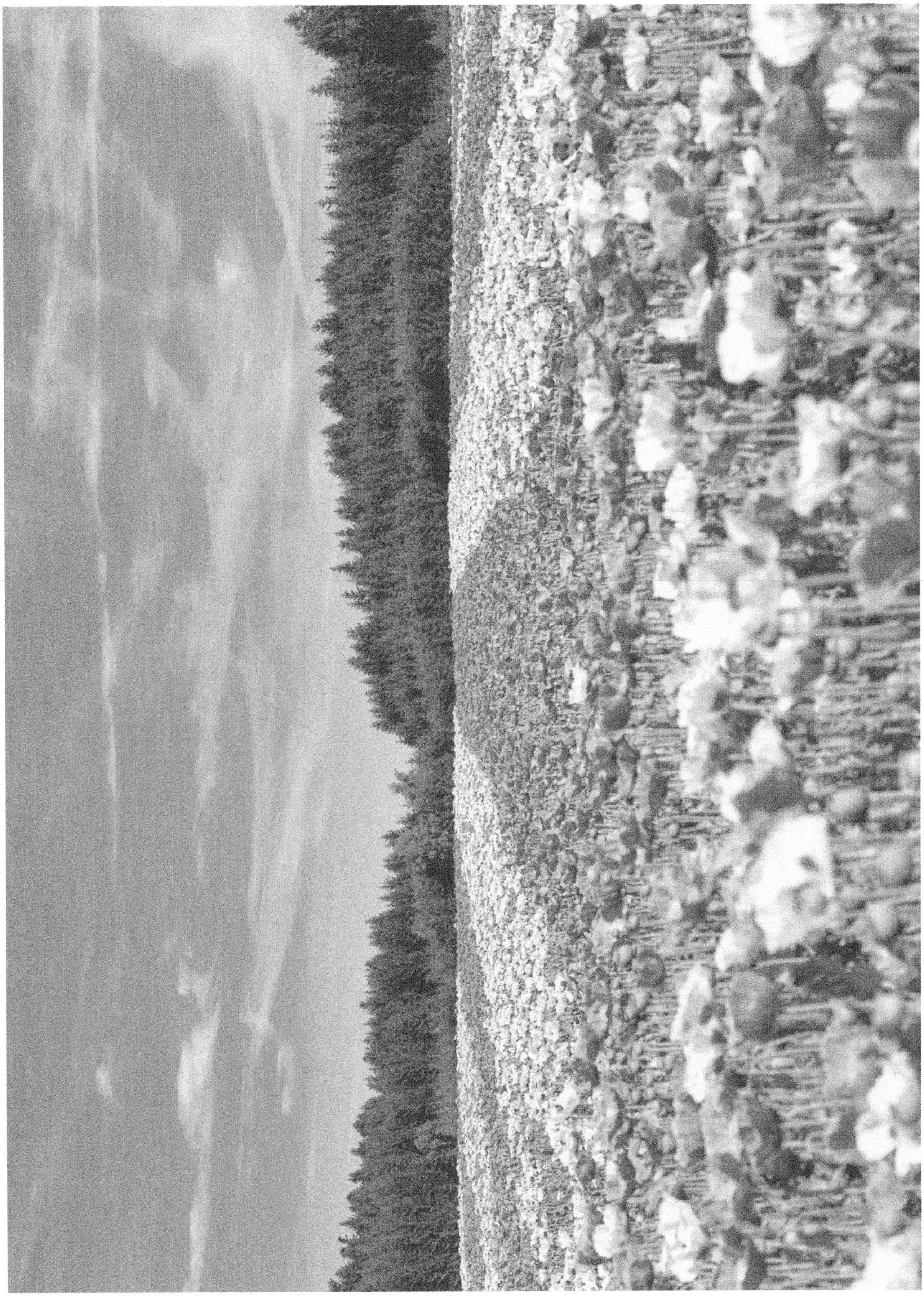

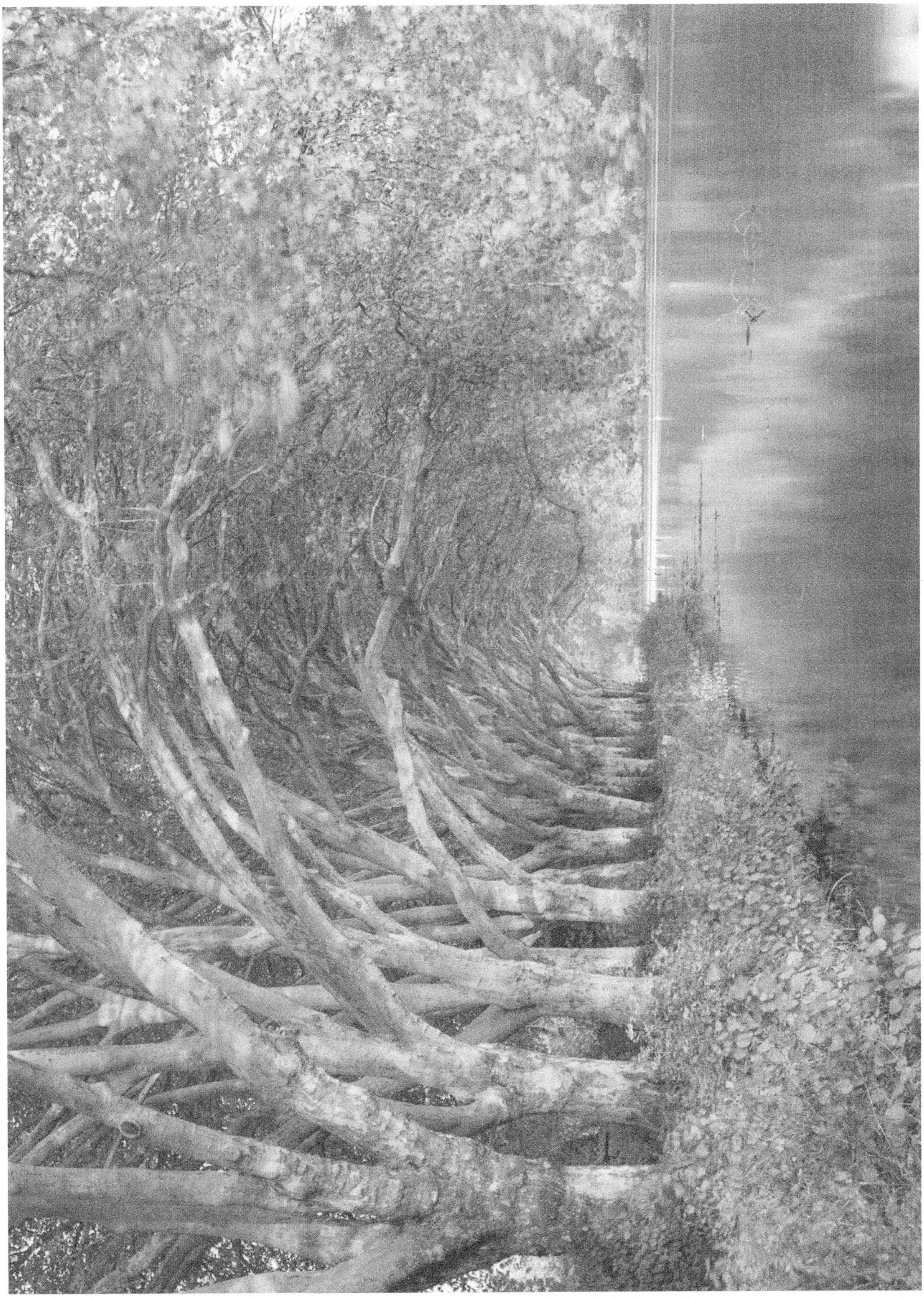

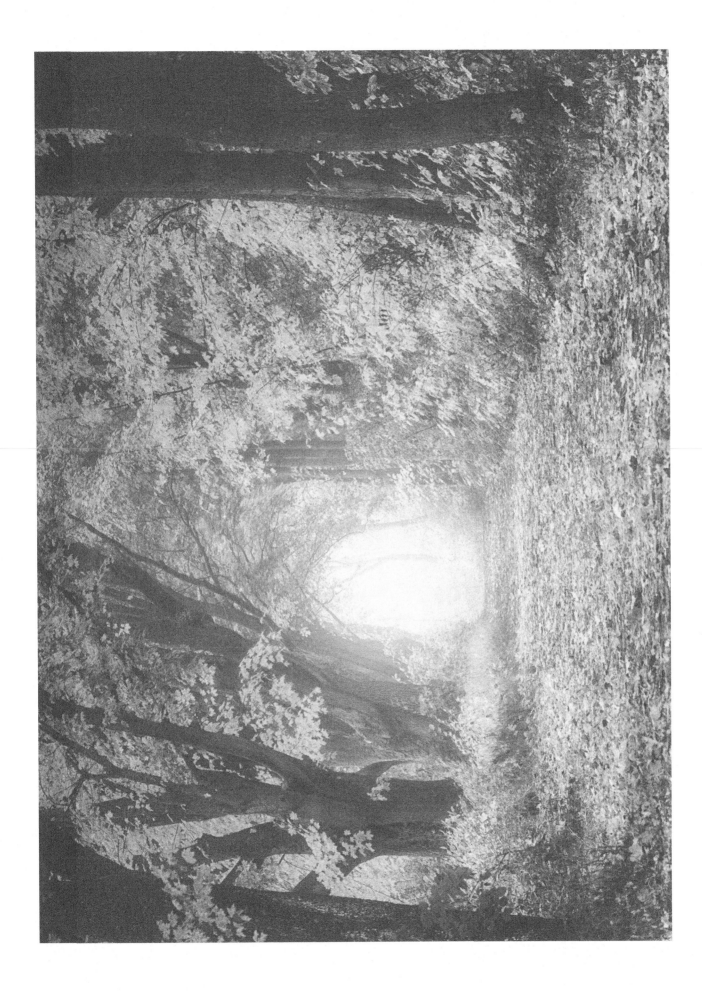

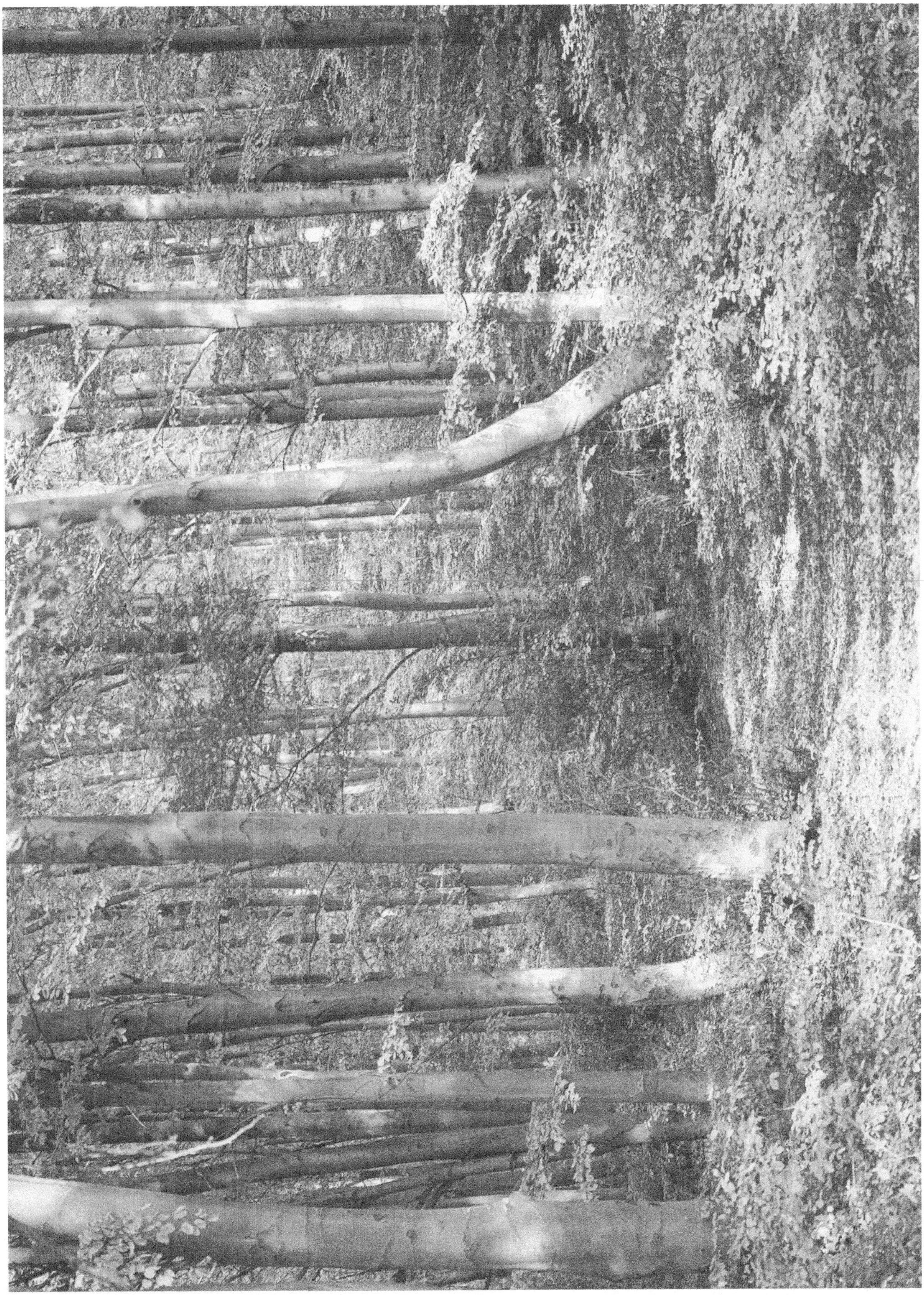

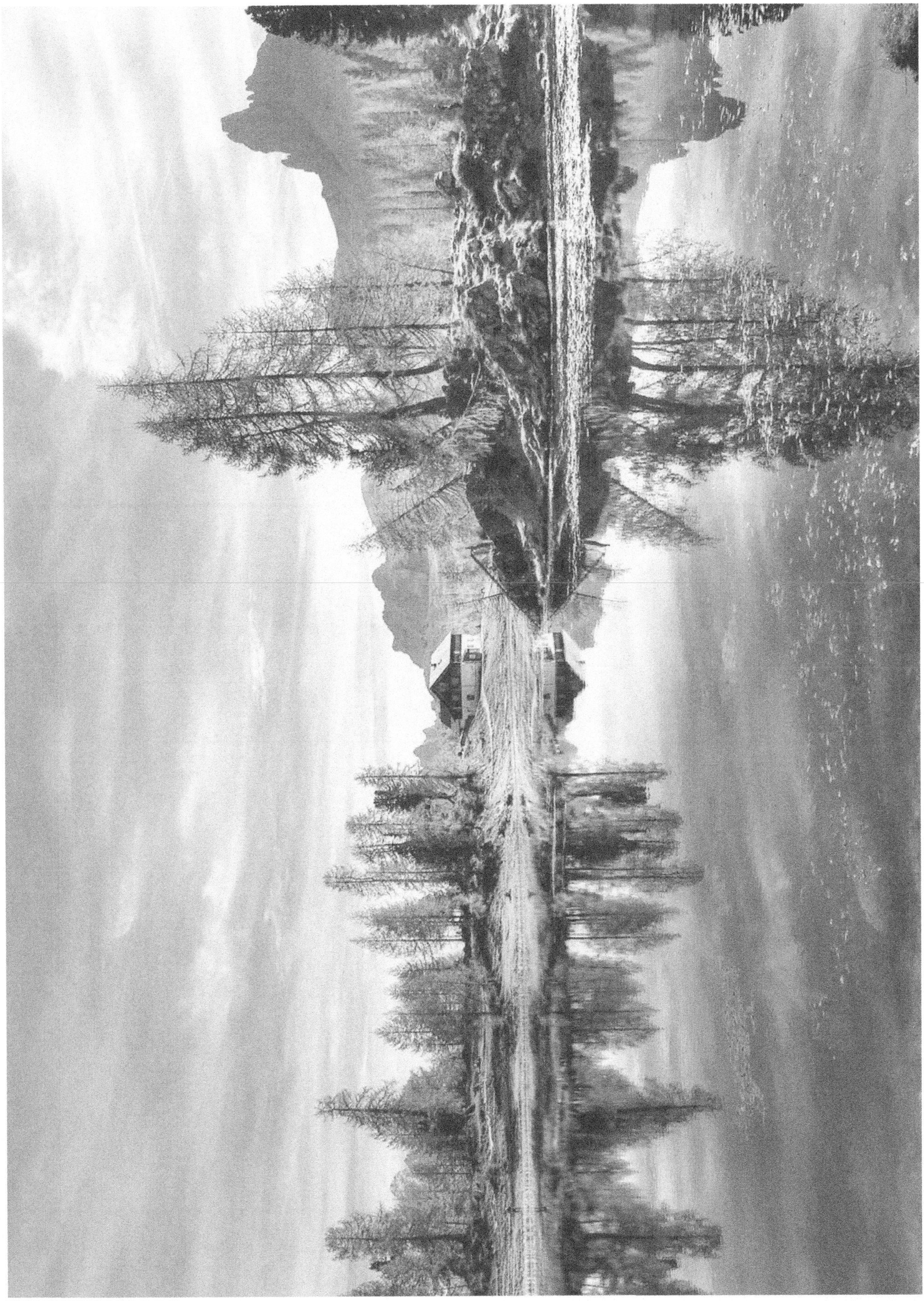

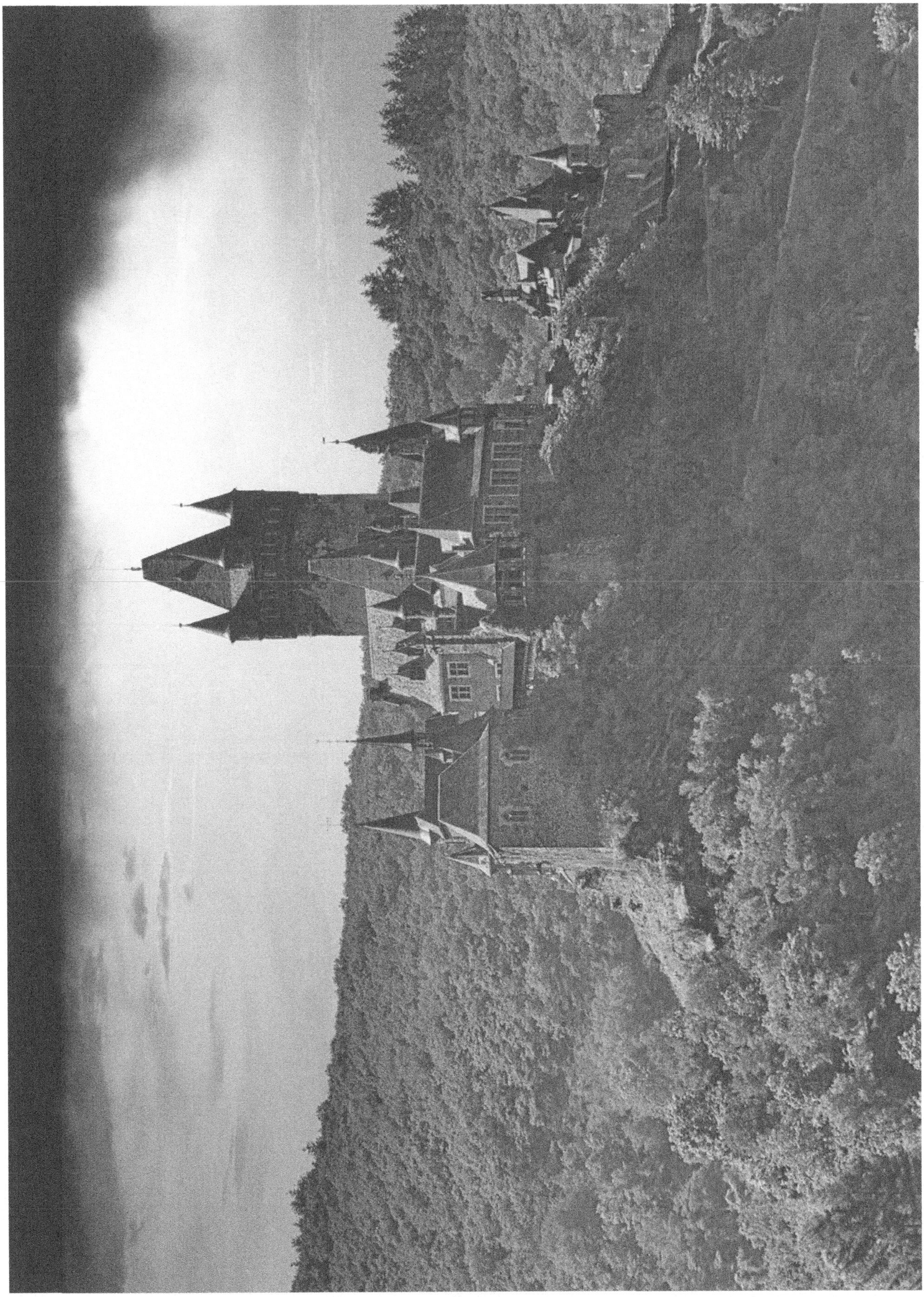

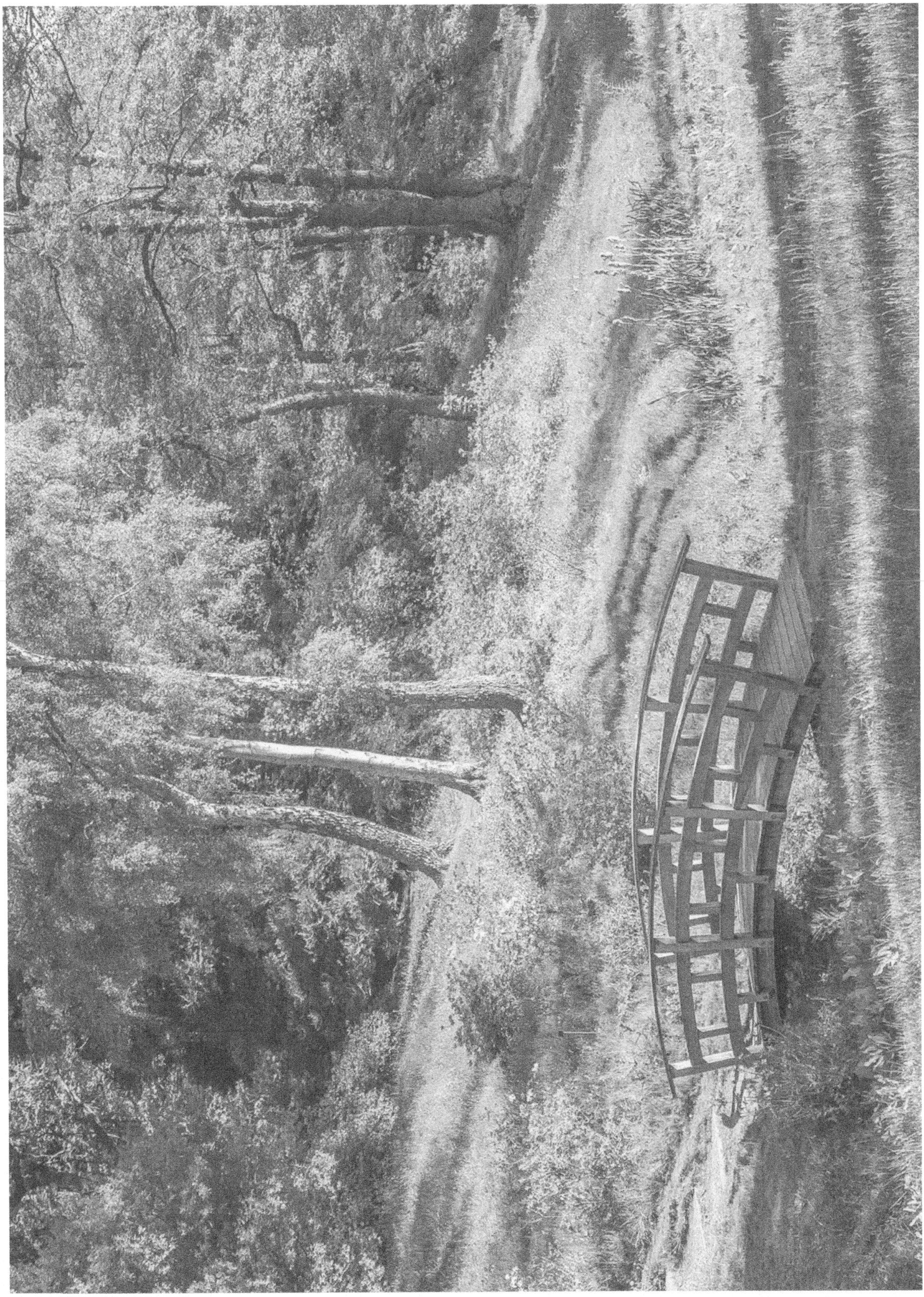

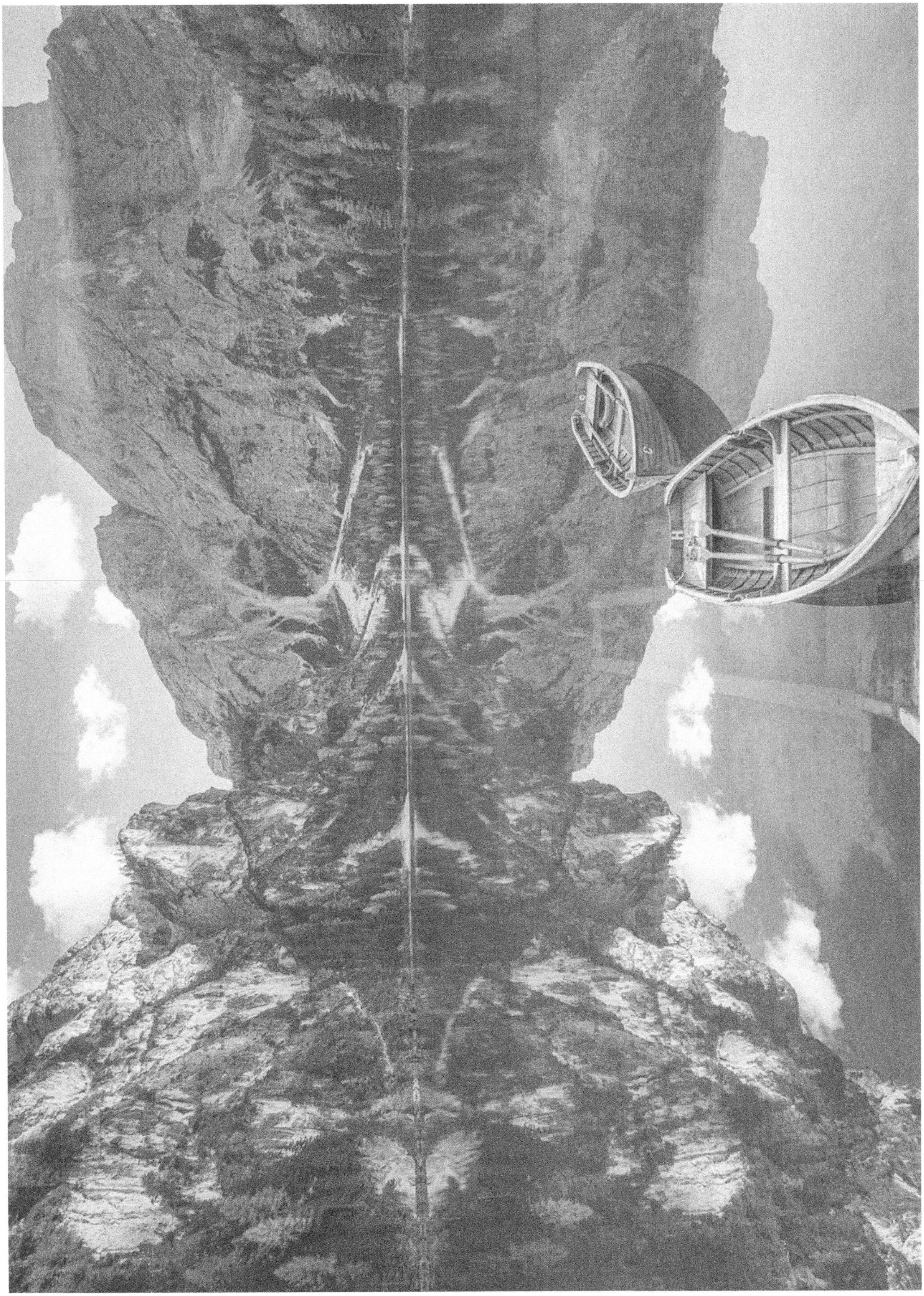

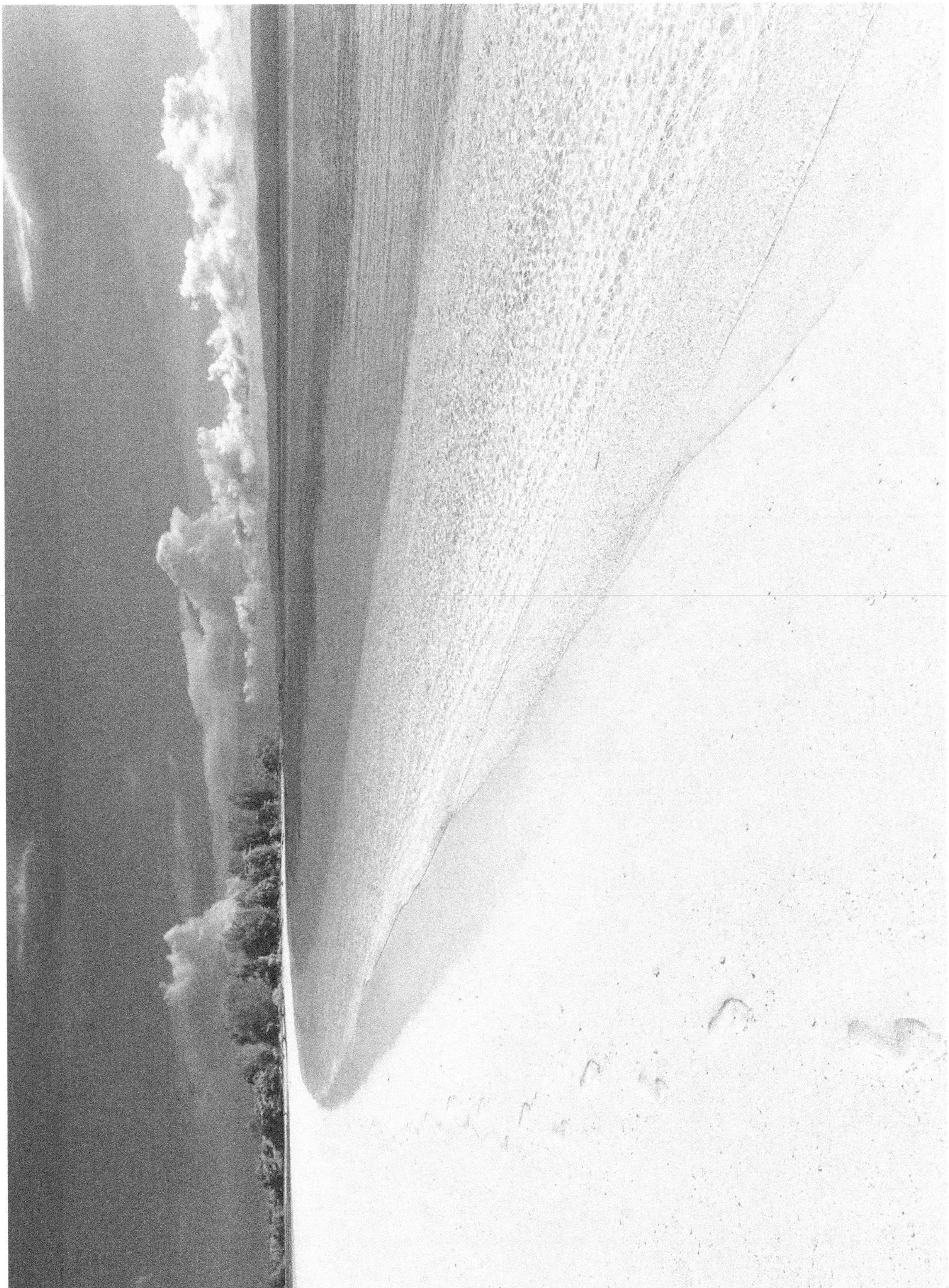

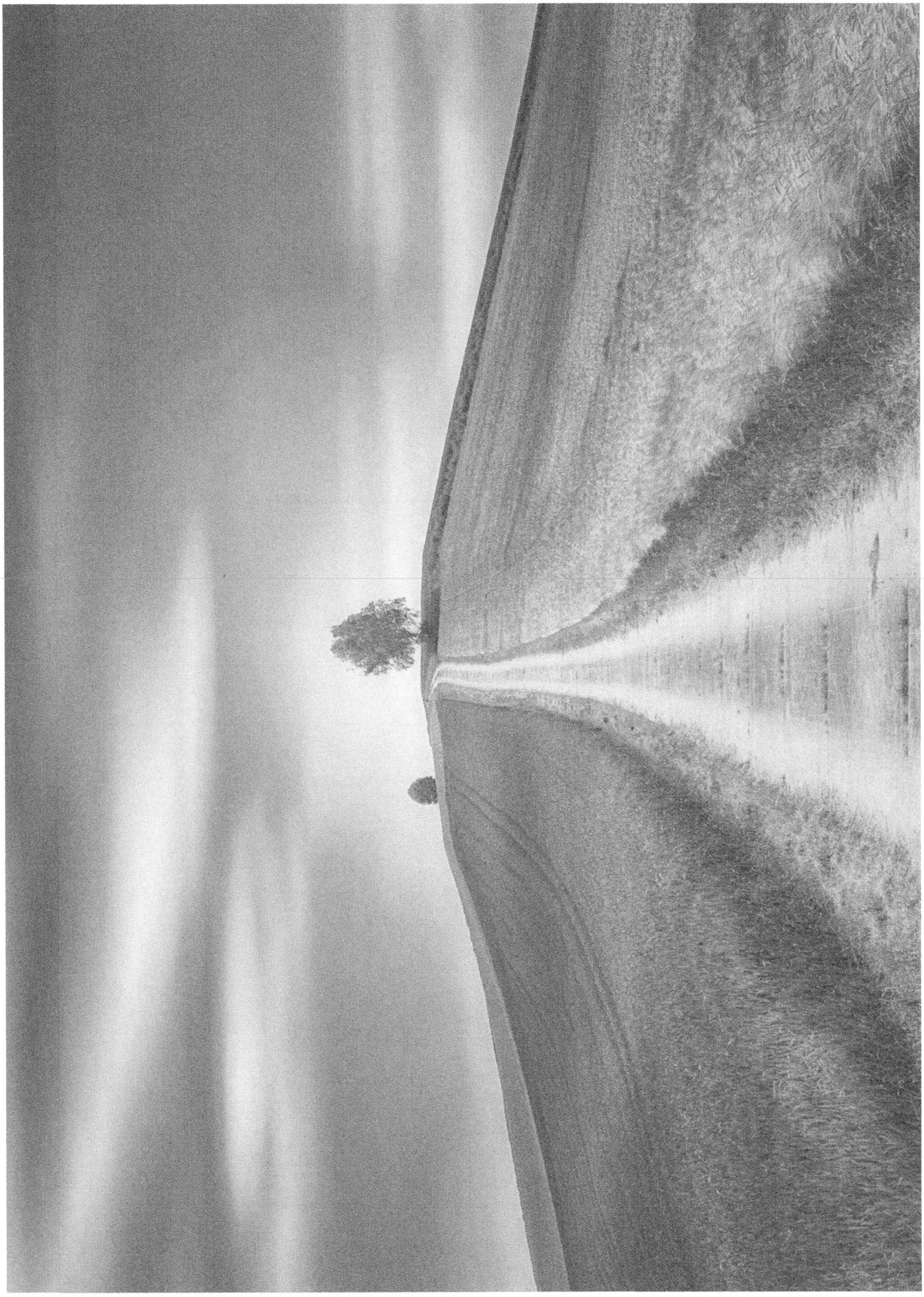

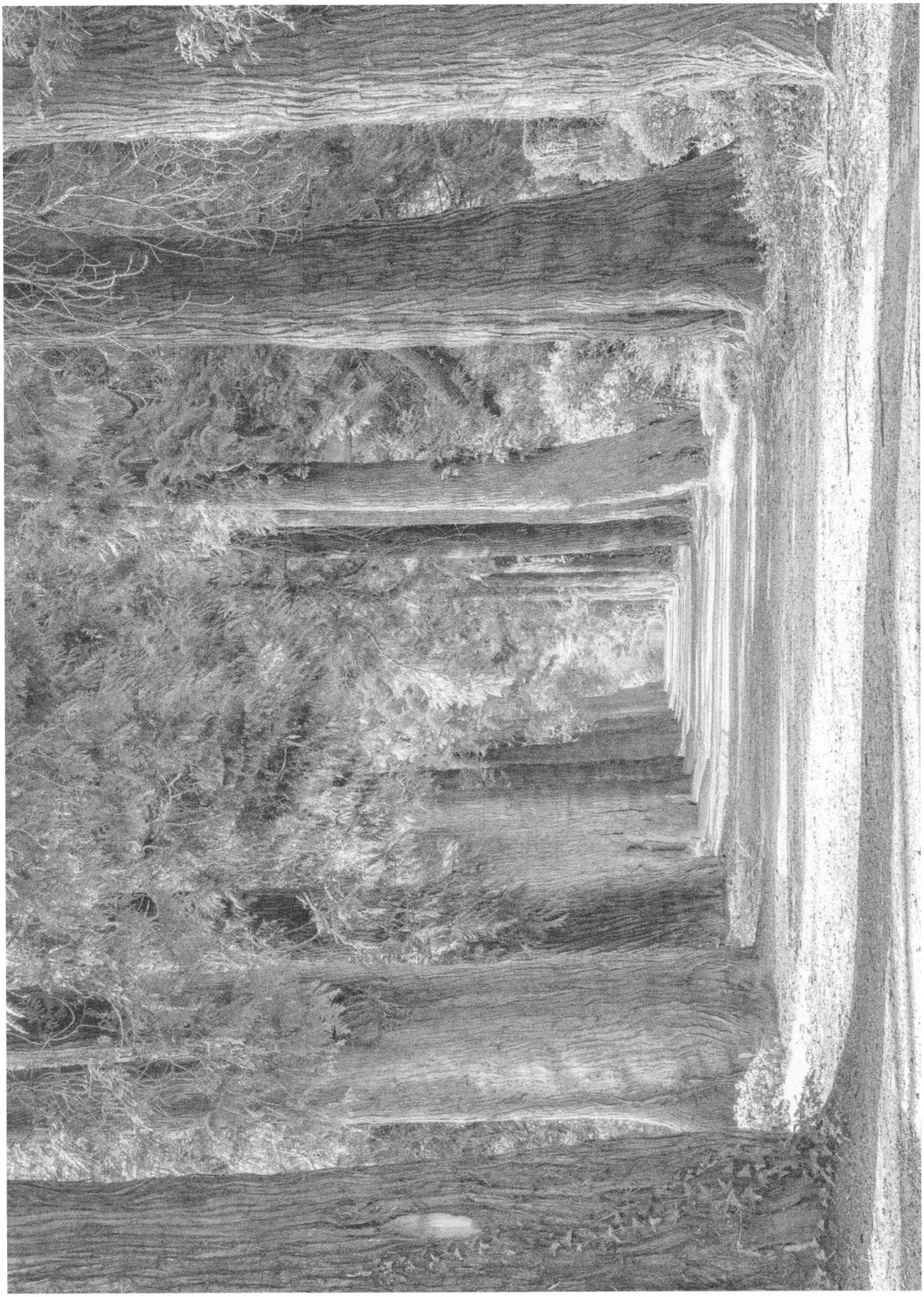

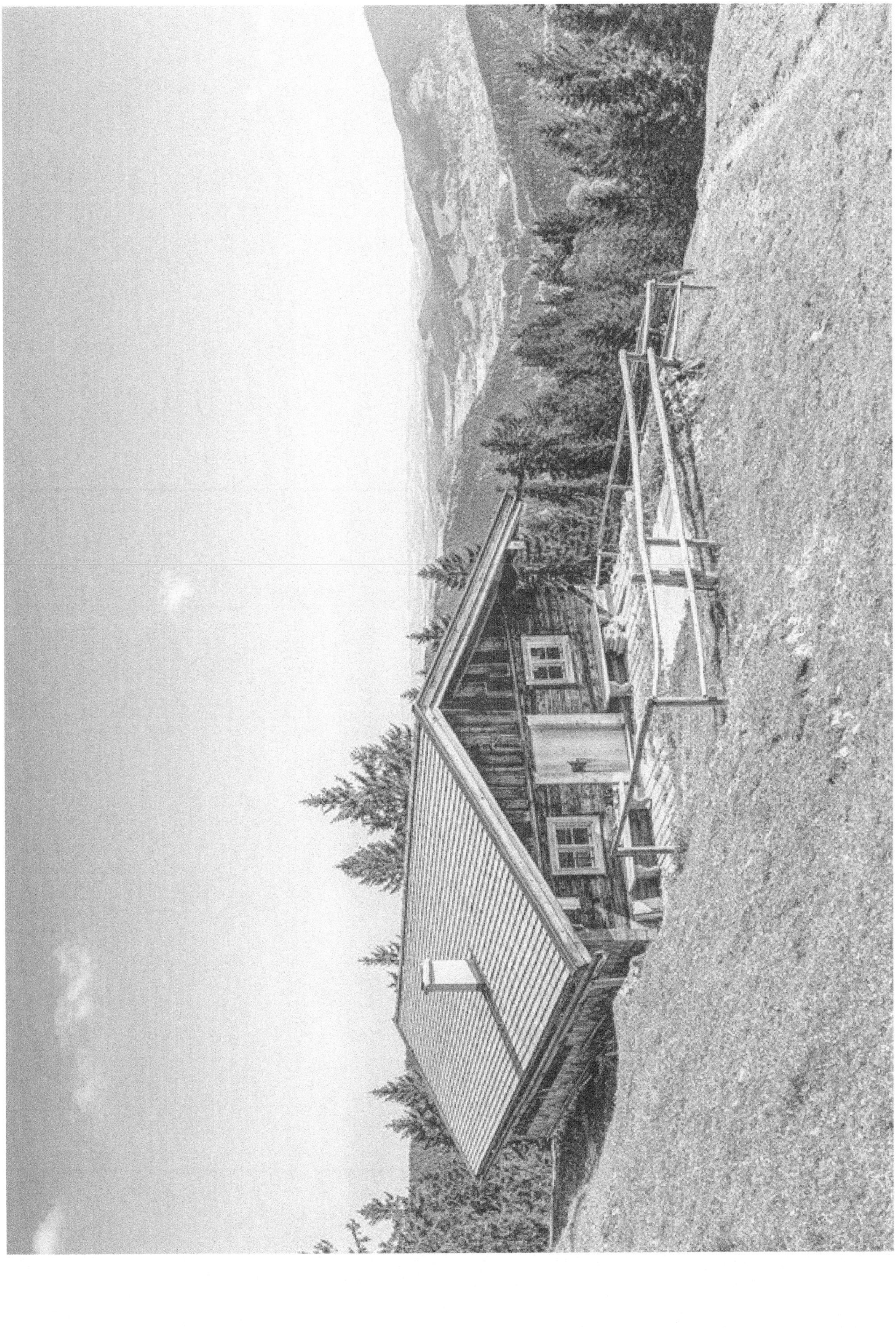

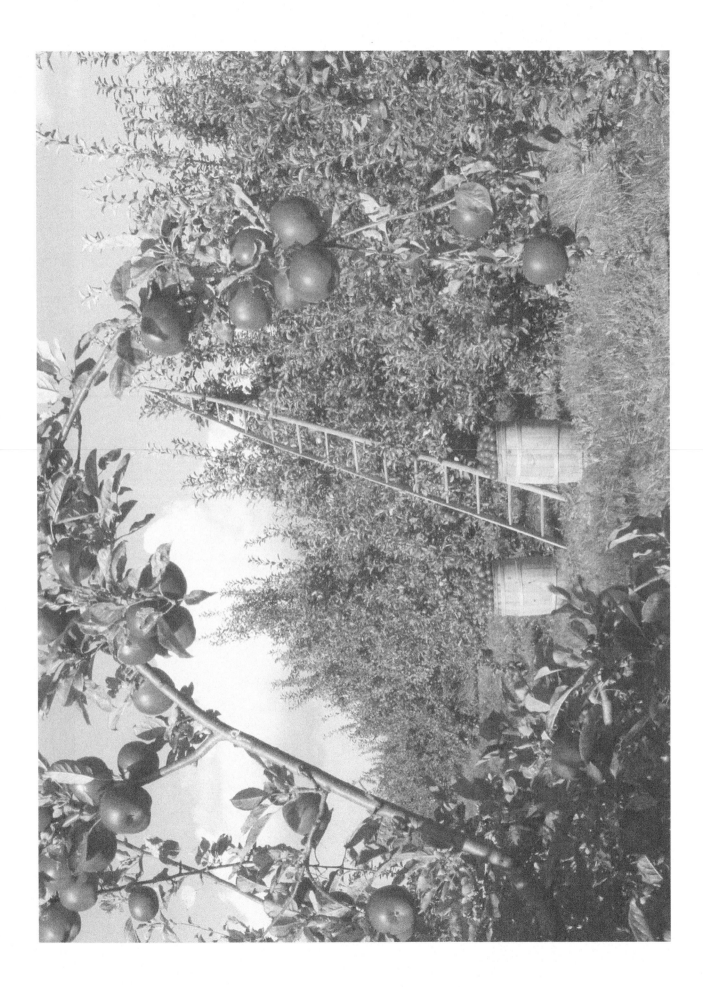

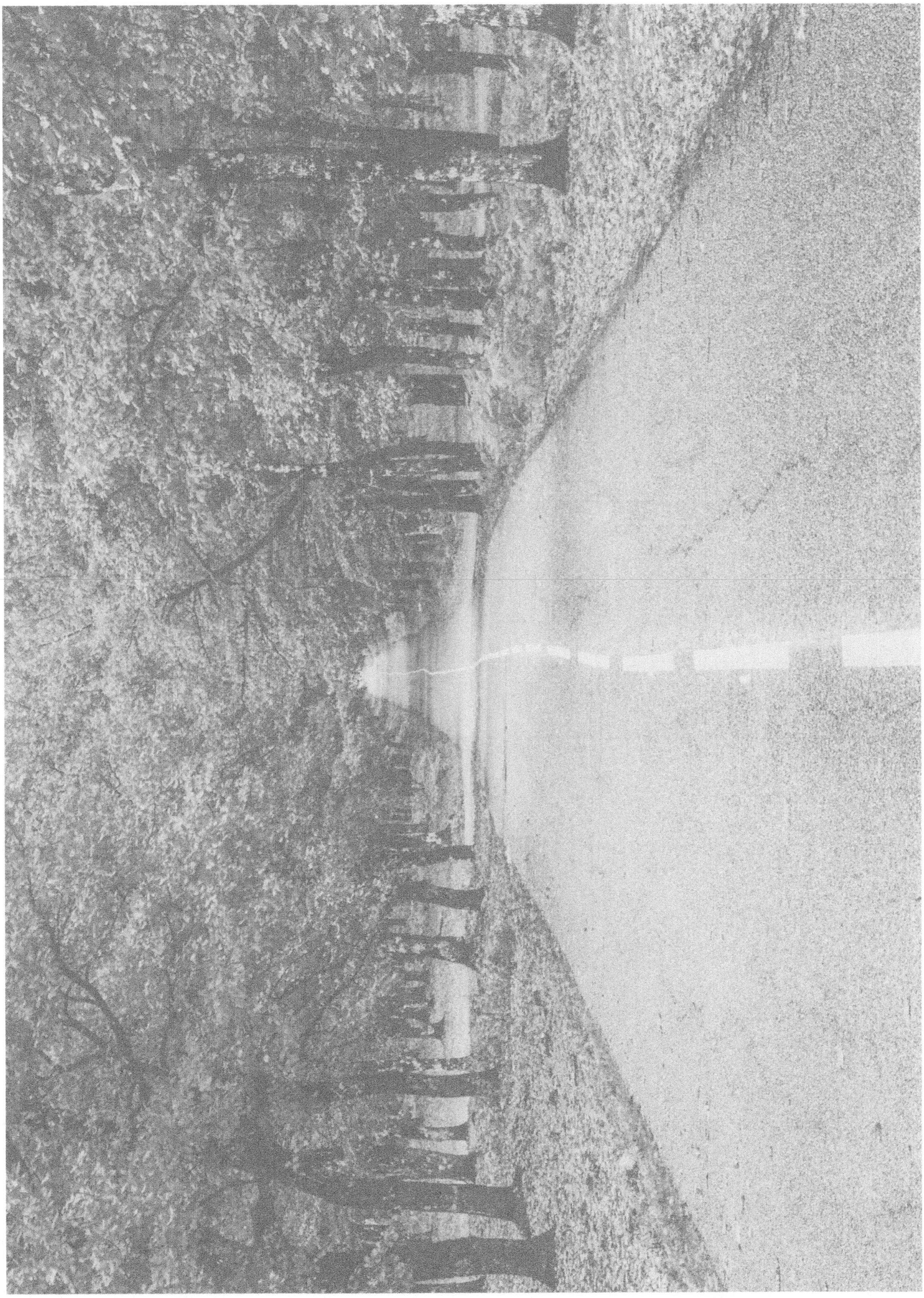

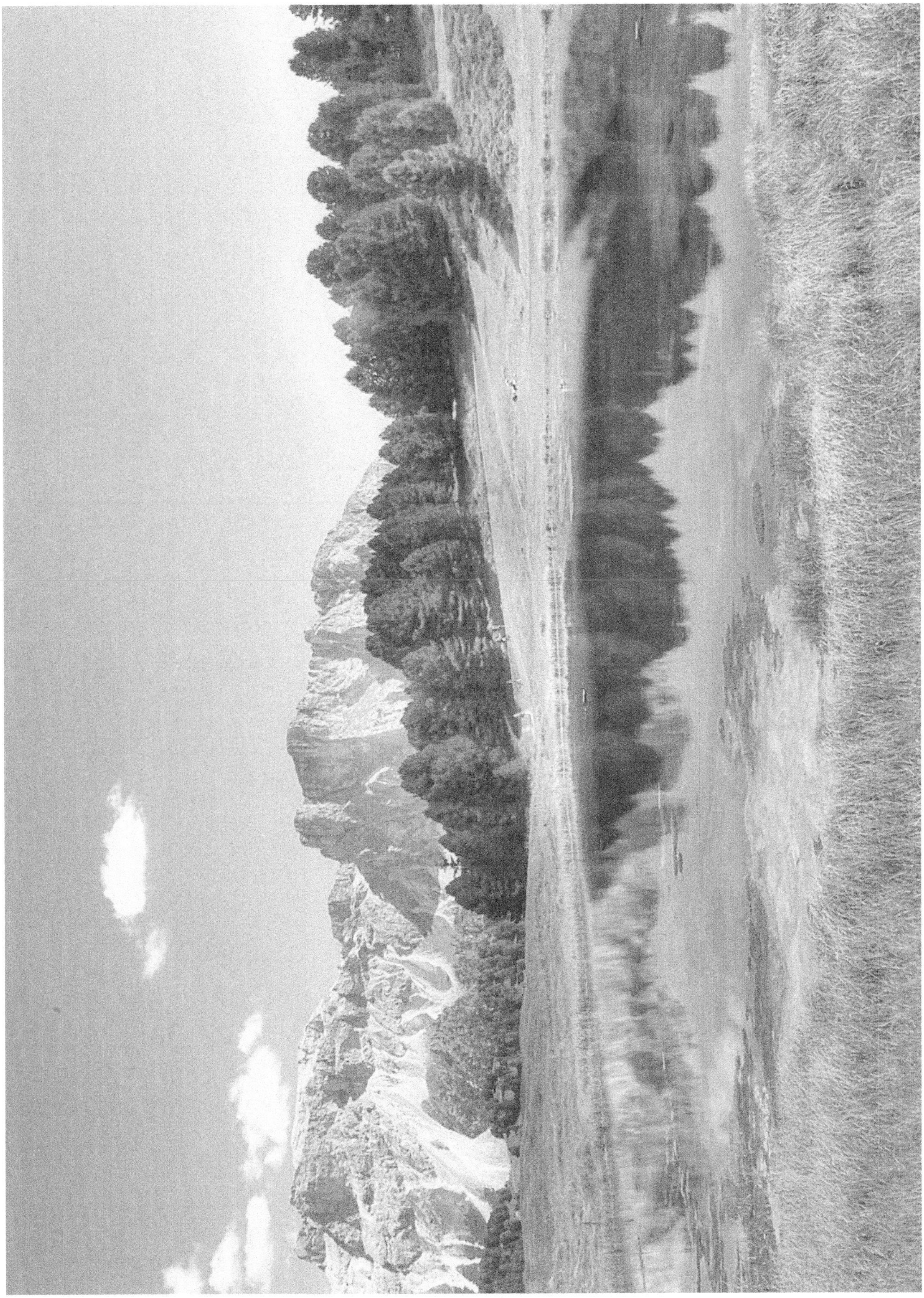

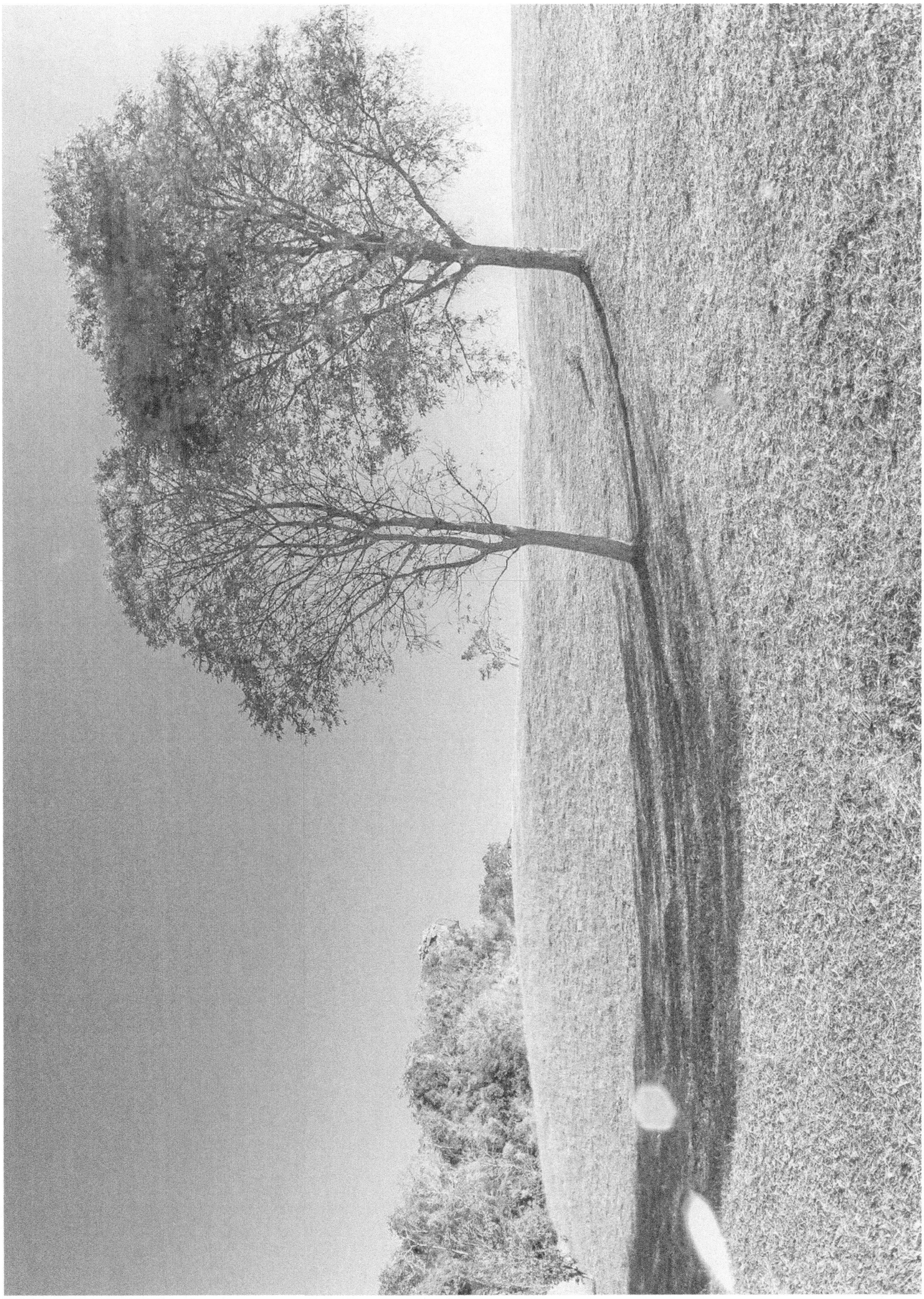

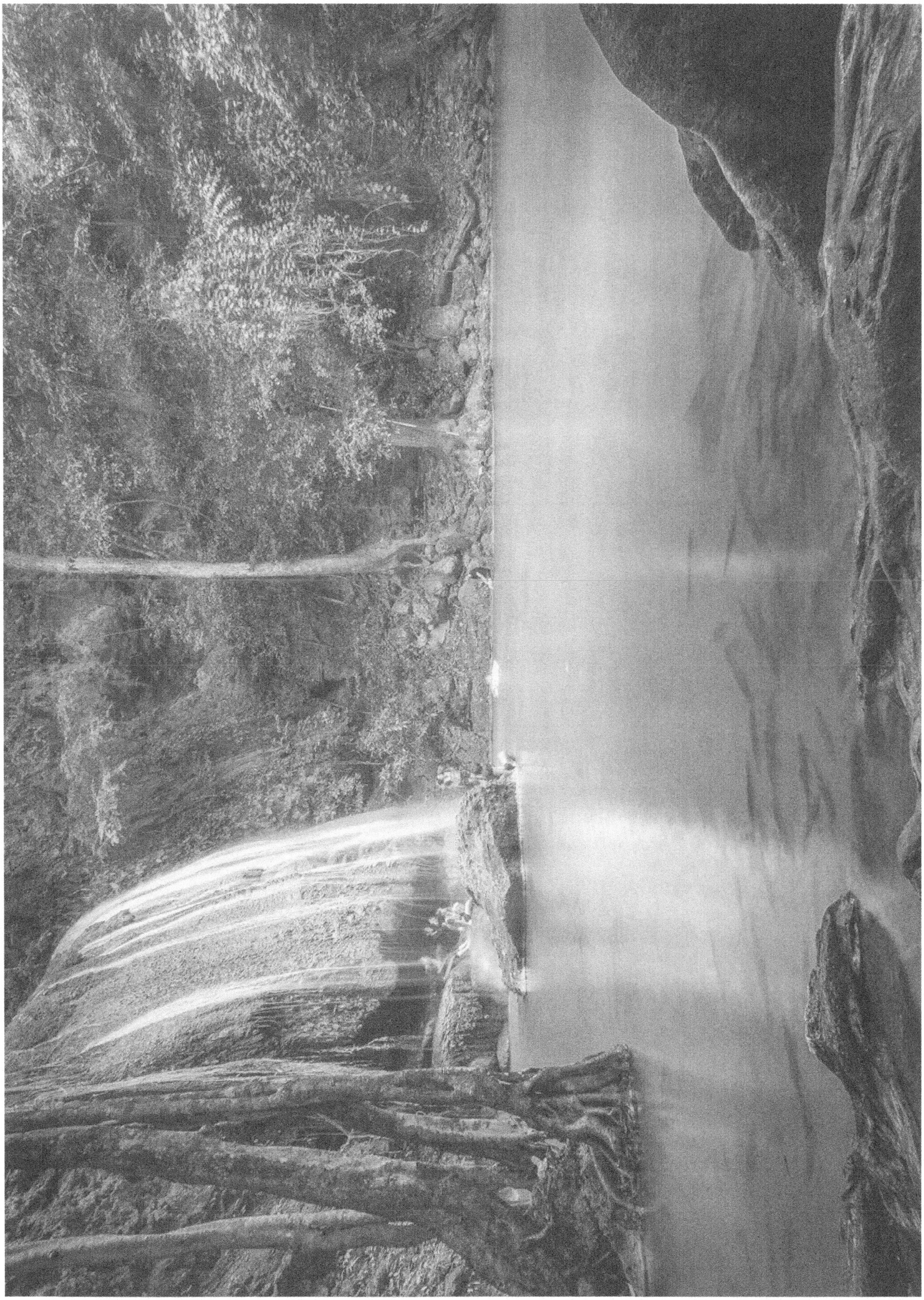

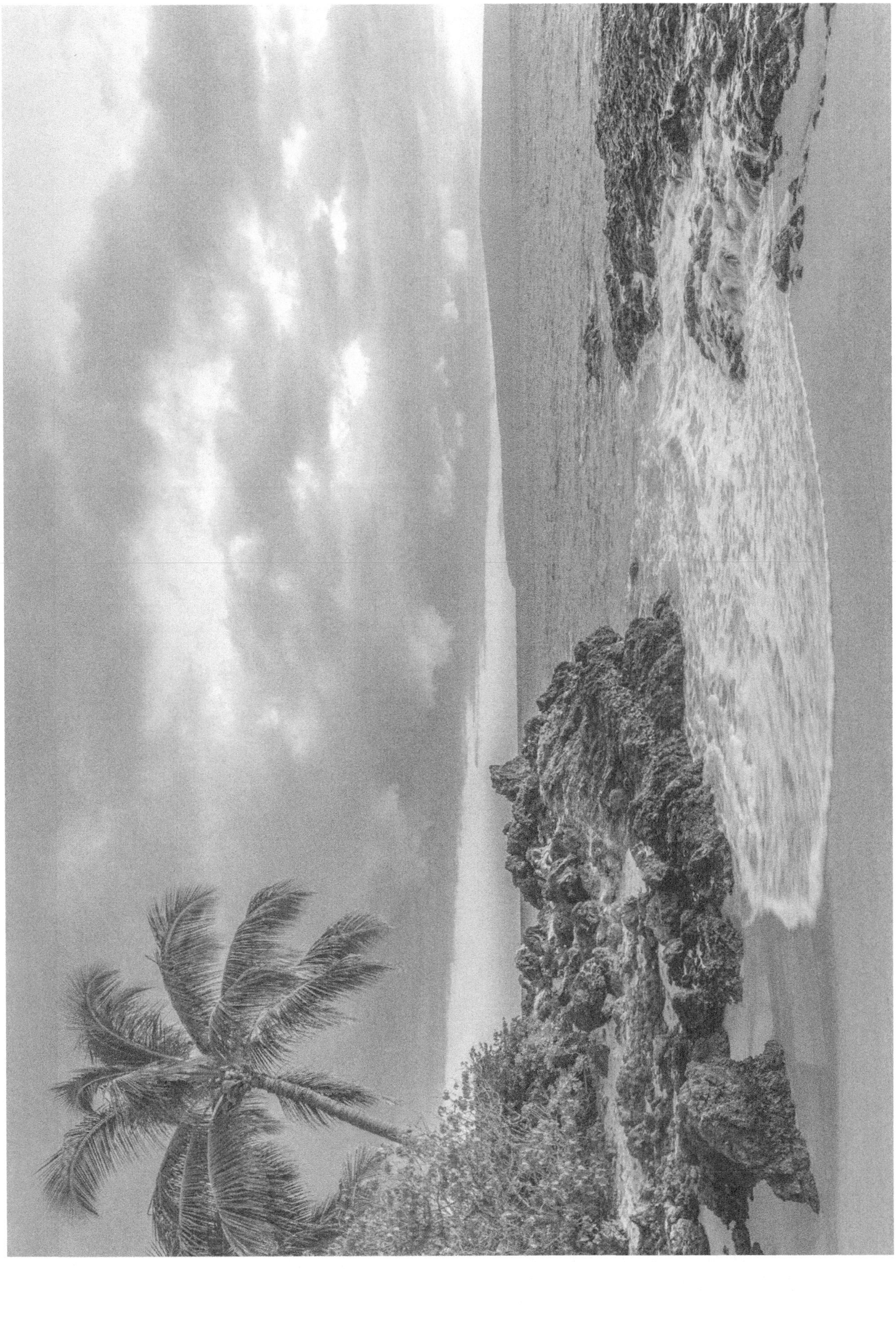

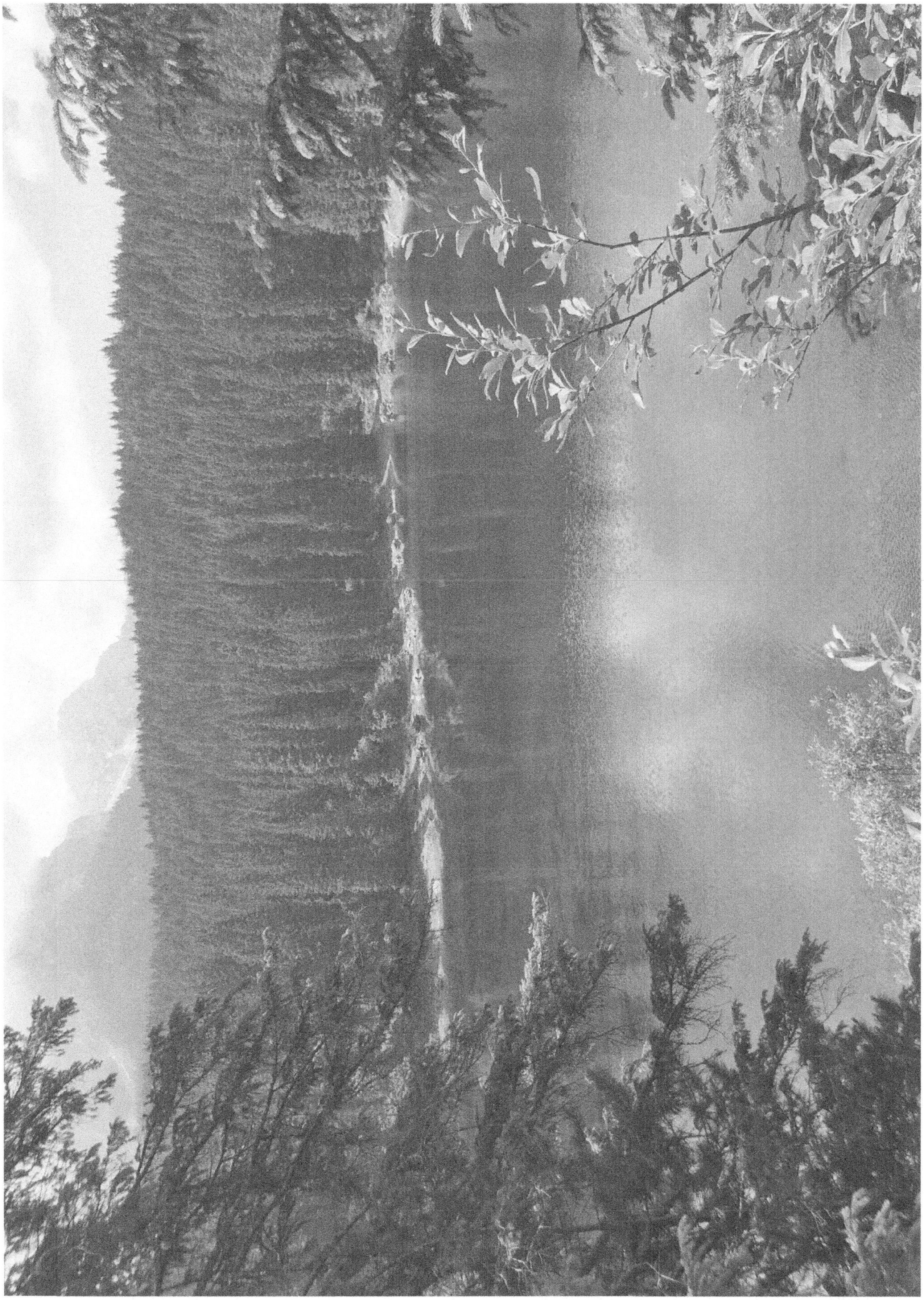

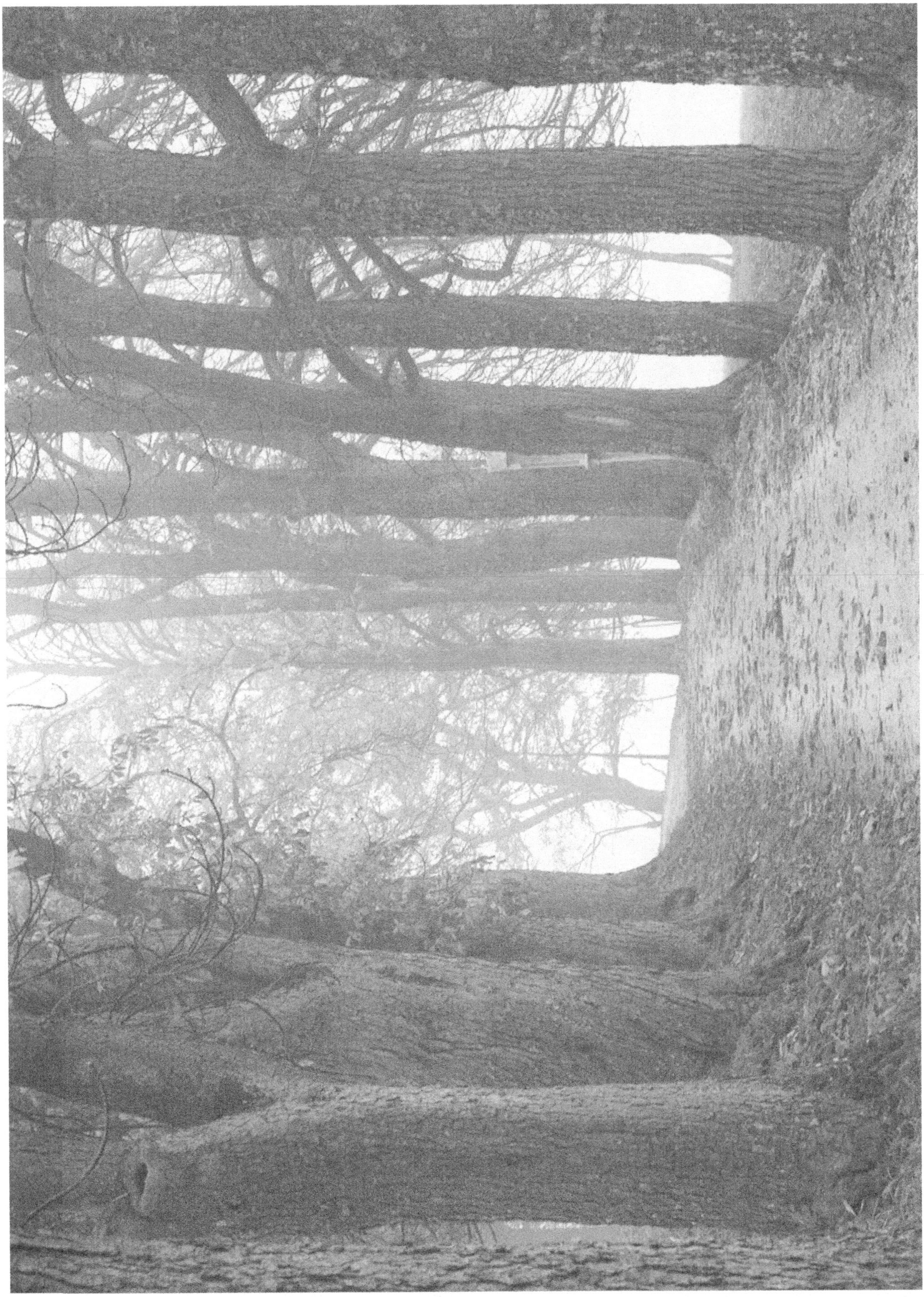

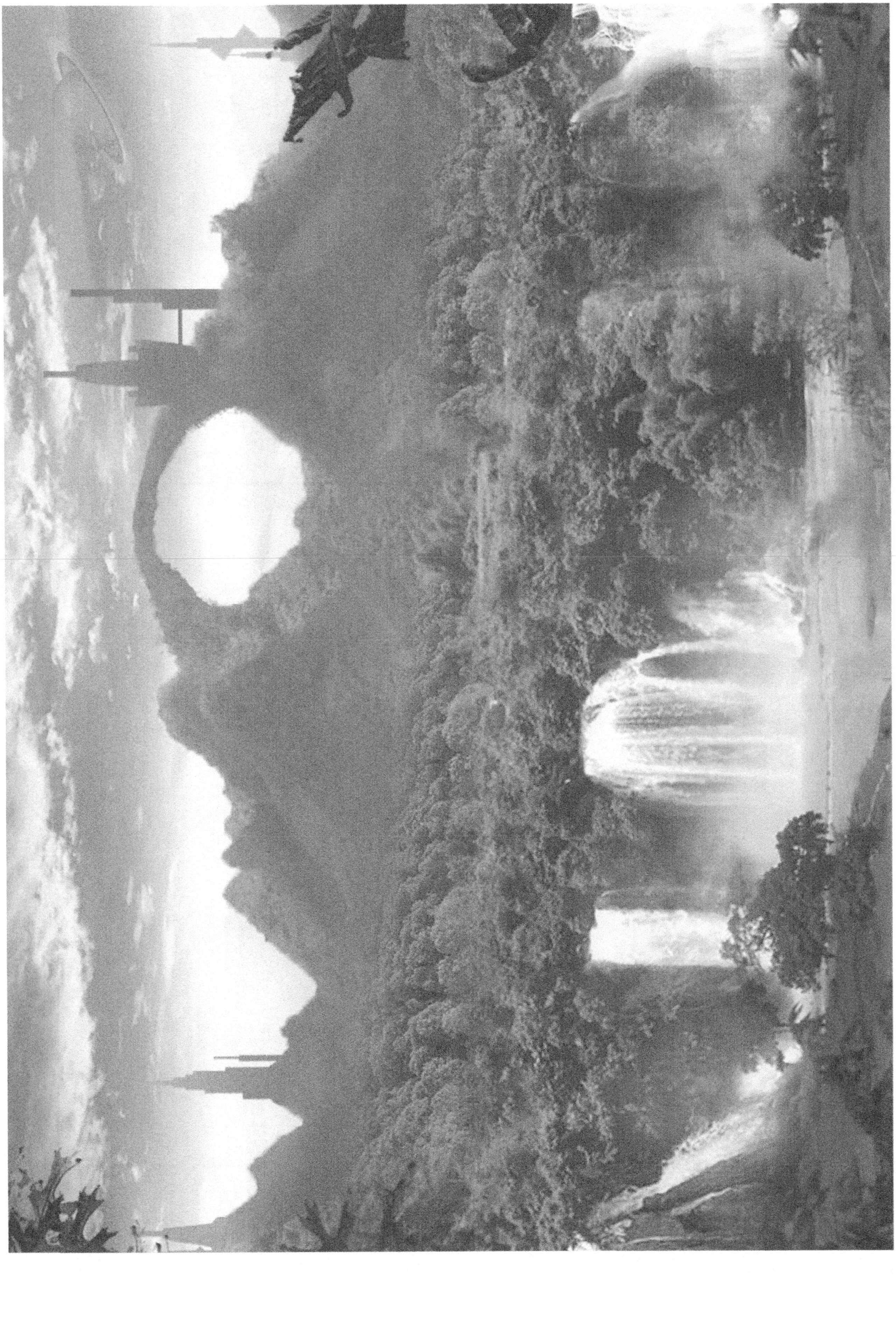

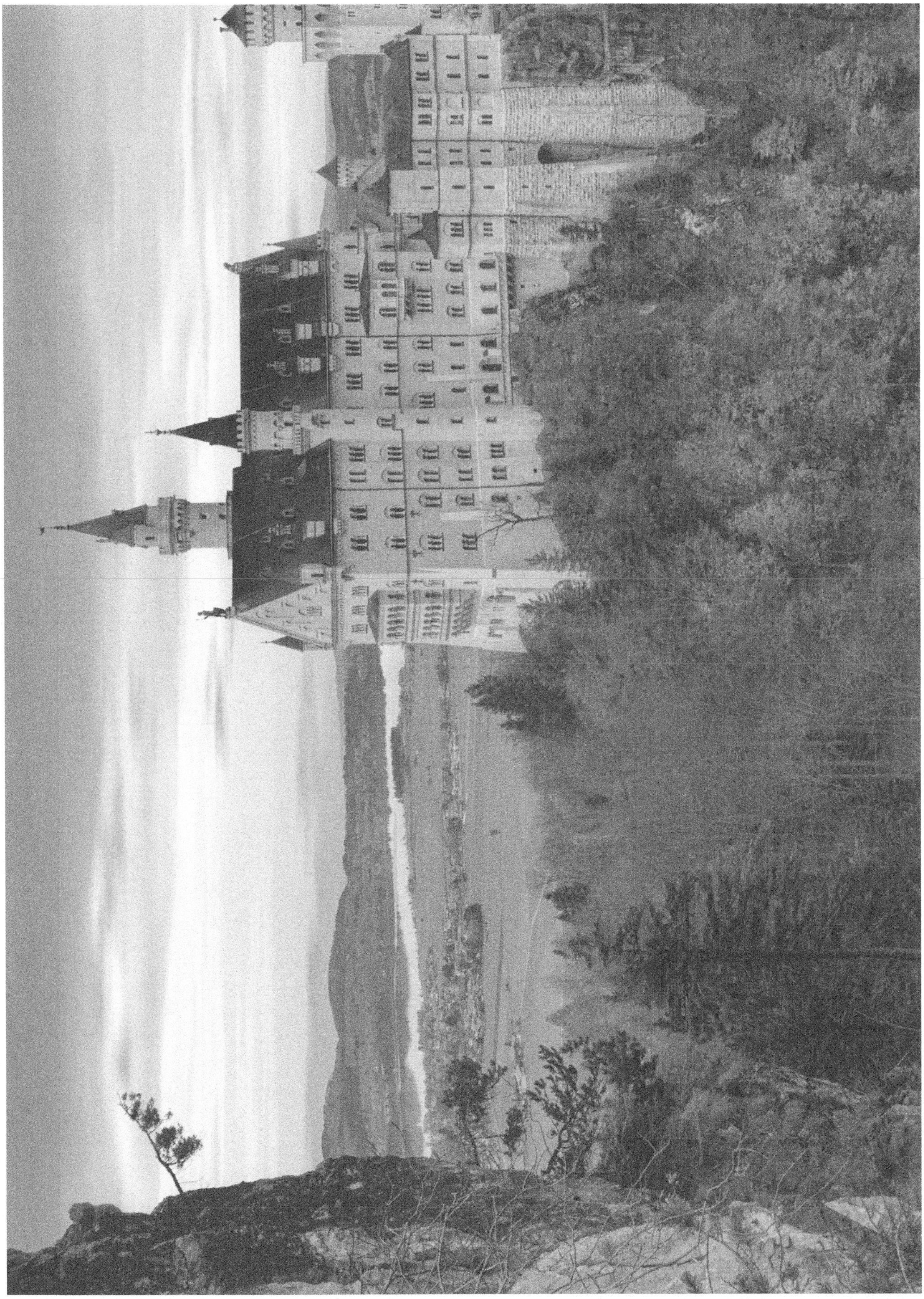